LES

OCCUPATIONS PARALLÈLES DES GREFFIERS

CONGRÈS GÉNÉRAL DE LILLE

LES OCCUPATIONS PARALLÈLES DES GREFFIERS

Rapport de M. JOLY

Greffier de paix à Versailles

RAPPORTEUR GÉNÉRAL DU CONGRÈS

Il est des moments critiques dans la vie des corporations comme dans celle des hommes, à l'occasion desquels chacun sent l'impérieux besoin de se rapprocher et de s'unir, de provoquer des consultations, de prendre des décisions. Nous sommes aujourd'hui, Messieurs, dans un de ces moments, et chacun de nous a compris, sans qu'il soit besoin d'insister davantage, combien était dangereuse pour notre existence même la circulaire du 5 juin dernier de M. le Procureur général de Douai (1).

---

(1) Lettre circulaire de M. le Procureur général de Douai.

« En exécution d'instructions que j'ai provoquées de
« M. le Garde des sceaux, je vous prie de faire
« connaître aux greffiers des justices de paix de votre
« arrondissement que je leur interdis de représenter

Aussi, ce même cri s'est-il échappé spontanément de toutes nos poitrines : protestons énergiquement contre le régime draconien que veut nous imposer la circulaire en question et prouvons texte en main que si celle-ci est en opposition avec la jurisprudence actuelle, elle blesse surtout des intérêts qui sont dignes d'être protégés.

Déjà, Messieurs, en 1896, sur une dépêche de M. le Procureur général de Lyon, posant la question de savoir si les greffiers de paix pouvaient s'occuper de recouvrements, la Chancellerie lui avait fait la déclaration suivante : « *Il faut convenir que toutes les fois*
« *qu'on a tenté d'interdire aux greffiers le*
« *recouvrement de créances ou effets de com-*
« *merce, on s'est heurté à des réclamations et*
« *à des difficultés telles que l'on s'est vu*
« *dans la nécessité d'user à cet égard d'une*
« *large tolérance.*

« *On a d'ailleurs fait remarquer avec beau-*
« *coup de raison que ces occupations procurent*
« *aux greffiers de paix des ressources acces-*
« *soires dont ils ont parfois grand besoin, et*
« *leur permettent de rendre service au public,*
« *qui préfère s'adresser à eux plutôt qu'à des*
« *agents d'affaires offrant de moindres garan-*
« *ties de probité et de délicatesse.* »

Ce qui était vrai, Messieurs, en 1896, l'est encore plus aujourd'hui et si, il y a dix ans,

---

« des créanciers dans les procès engagés devant la juri-
« diction cantonale, notamment en matière de saisie-
« arrêt sur les salaires, *et de s'immiscer sous quelque*
« *prétexte que ce soit dans des affaires de cette nature en*
« *dehors des attributions qui leur sont conférées par la*
« *loi.* »

les greffiers avaient besoin de rechercher dans des occupations parallèles les moyens de vivre, à plus forte raison la nécessité de ces occupations est-elle devenue aujourd'hui impérieuse par suite du renchérissement de toutes les choses les plus nécessaires à la vie.

Certes, la question des occupations parallèles n'est pas nouvelle. Soumise à la tolérance des parquets et n'ayant jamais été tranchée par une loi, elle a subi l'influence des temps et des circonstances, jouissant tantôt d'une sereine accalmie, et tantôt devenant le jouet d'agitateurs et de turbulents que les seuls appétits ou les passions dévoraient.

*
* *

Les incompatibilités sont de droit étroit : elles ne peuvent être par suite ni présumées ni étendues, écrit la Chancellerie au Procureur d'Agen, le 22 février 1895. Aucun texte législatif n'interdisant aux greffiers de se livrer à des recouvrements, ceux-ci ont, par suite, le droit de faire ce que la loi ne prohibe pas.

Je sais bien, Messieurs, si nous remontons aux débuts de notre création, qu'une lettre de la Chancellerie du 27 ventôse an V s'exprimait ainsi : « *Les greffiers ne doivent avoir d'au-« tres occupations que celles du greffe qui leur « est confié. La correspondance et autres « affaires de l'accusateur public sont entière-« ment étrangères aux fonctions du gref-« fier.* » Mais il ne faut pas oublier qu'à cette époque ces officiers publics avaient pour toute rémunération un traitement mensuel de

15 fr. 833 et le produit de quelques expéditions[1]; que beaucoup, ne pouvant vivre des bénéfices de la charge, exerçaient un métier à côté, le plus souvent sous le nom de leur femme, et c'est ainsi que vers cette époque nous trouvons, en Seine-et-Oise, la citoyenne Lejeune tenant rue du Bœuf, à Palaiseau, un magasin de modes et la femme du greffier de Meulan exerçant la profession de mercière. Mais on ne saurait nous opposer aujourd'hui cette décision, prise dans des circonstances spéciales, et qui ne fut jamais considérée ni comme irrévocable ni comme exclusive de toute exception ; la chose est si vraie que, le 16 avril 1817, la cour de Rennes décidait que les greffiers pouvaient exercer les fonctions d'experts près le tribunal auquel ils sont attachés et être mandataires ; et par une décision du garde des sceaux du 16 avril 1828, la Chancellerie autorisait un greffier de paix à être expert près du tribunal auquel il appartenait.

Cette jurisprudence, Messieurs, fut cependant attaquée parfois par de zélés procureurs et c'est ainsi que celui de Nancy écrivait au Procureur général de cette ville en 1847 : *L'immixtion d'un greffier de paix dans les opérations d'arpentage est une infraction aux*

---

[1] En l'an VII, par suite d'un déficit dans le budget de la ville de Versailles, les greffiers ne touchèrent que trois sacs de blé et la moitié de leur traitement, l'autre moitié ne leur fut versée qu'en l'an IX. Durant la tourmente révolutionnaire le traitement des greffiers fut de plus assujetti à une contribution mobilière au moyen d'une retenue de cinq centimes par franc. (Loi du 3 nov. an VII.)

règles que j'ai déjà eu l'occasion de rappeler sur l'obligation imposée aux officiers ministériels de se renfermer dans les attributions et les devoirs de leurs charges.

Mais la Chancellerie, plus débonnaire que ce magistrat, répondit par lettre du 12 août suivant au Procureur général de Nancy : *que rien dans la loi n'empêchait les greffiers de se charger d'arpentages et d'expertises volontaires et qu'il devait laisser à ces officiers sur ce point toute liberté.*

Et puisque nous sommes sur la question des arpentages, je vous signalerai ce considérant inséré dans une délibération prise, à la suite d'un rapport de M. le baron Charon, le 18 mai 1866, par la commission des pétitions du Sénat, saisie par un sieur Christiny d'une plainte contre un greffier auquel il reprochait de se livrer à des opérations d'arpentage : *Aucune loi n'empêche un greffier de se livrer à des travaux rémunérés en dehors du greffe, tout comme les autres citoyens.*

Vous vous souvenez également, Messieurs, que les notaires de Saint-Pol voulurent un jour, s'appuyant sur la lettre du 27 ventôse précitée, empêcher le greffier Collet de rédiger des actes sous signatures privées et que la Cour de Douai, par un arrêt du 29 décembre 1863, débouta ces notaires de leurs prétentions sur ces motifs : « *Que ni la loi du 25 ventôse an XI, ni aucune autre disposition de loi n'interdit aux particuliers de rédiger des actes sous seing privé pour les tiers ; que c'était au surplus ce qui avait été reconnu par un avis du conseil d'Etat du 1er avril 1808.*

La Cour de cassation, par arrêt du 14 mars

1867, confirma cette décision en rejetant le pourvoi des notaires de Saint-Pol.

Cependant et malgré l'arrêt de la Cour de Rennes du 16 août 1817, qui reconnaissait aux greffiers le droit d'être mandataires des parties, une circulaire du ministre de la justice du 27 novembre 1821 et une circulaire du Procureur général de Rennes du 18 août 1851 faisaient savoir aux procureurs que les greffiers de paix ne pouvaient être, ni à l'audience, ni hors de l'audience, les avocats ou conseils des parties, ce qui, suivant Massabiau, emportait interdiction de donner des consultations, des avis, ou des conclusions aux plaideurs et de présenter ensuite des observations verbales à l'audience dans leur intérêt, en un mot, d'avoir un cabinet d'affaires à côté du greffe.

Cette opinion ne fut partagée par la suite, ni par la Cour de Besançon, ni par celle de Caen, dont les décisions méritent d'être rapportées ici. La Chancellerie, du reste, dès le 3 octobre 1877, déclarait autoriser les greffiers à cumuler leurs fonctions avec celles d'agents d'assurances et celles d'agents d'affaires, ajoutant : « *L'intérêt du service est la seule limite à apporter en cette matière et nous pensons qu'il n'y a pas d'interdiction générale à formuler contre les greffiers.* »

Une lettre envoyée au Procureur général de Nîmes en date du 1er août 1890 faisait savoir à ce magistrat qu'il ne lui appartenait pas d'adresser de circulaires édictant contre les greffiers une prohibition générale et absolue de s'occuper d'assurances ou de recouvrements ou d'accepter des mandats salariés.

Voici les principaux passages de l'arrêt de la Cour de Besançon du 29 décembre 1875 (Dalloz, 77, 2, 125, Caen, *Gazette du Palais*, 1896, p. 153), dont nous parlons plus haut :

« Attendu que si la loi répute acte de com-
« merce les agences d'affaires et bureaux
« d'affaires proprement dits, et si en général
« le commerce est interdit aux greffiers, ils
« ne relèvent à cet égard que du pouvoir dis-
« ciplinaire ; que la tolérance de l'autorité su-
« périeure leur permet de se charger dans
« une certaine mesure de mandats pour re-
« présenter des tiers en justice ou ailleurs et
« administrer leurs biens ; que de tels actes
« sont admis par l'usage sans qu'on ait songé
« à les frapper d'une interdiction rigoureuse
« et absolue. »

Et le commentateur d'ajouter : « Il peut
« sembler au premier abord que la qualité de
« greffier de justice de paix ne soit pas com-
« patible avec celle d'agent d'affaires, d'une
« compagnie d'assurances et de clerc de no-
« taire et que la bonne administration de la
« justice autant que son indépendance et sa di-
« gnité soient intéressées à ce que les greffiers,
« que l'on peut considérer comme membres
« des tribunaux auxquels ils appartiennent,
« se renferment strictement dans l'exercice
« de leurs fonctions. L'ordre public paraît in-
« téressé à ce qu'ils n'engagent ni leur res-
« ponsabilité, ni leur liberté, dans des occu-
« pations étrangères à leurs fonctions, et qui,
« si honorables qu'elles soient, courent ris-
« que d'éveiller contre eux des soupçons mal-
« veillants.

« Perrin et Morin enseignent que, par ana-

« logie de ce qui est établi à l'égard des
« avoués et même *a fortiori* pour eux, les
« greffiers doivent s'abstenir de négoce et de
« mandats salariés. Ce principe, toutefois, ne
« se trouve formulé dans aucun texte de loi,
« ni même dans aucune décision ministé-
« rielle d'une manière absolue et rigou-
« reuse.... Ce silence à l'égard d'un greffier
« s'explique aisément. Un grand nombre de
« greffes de justice de paix ne donnent pas à
« leurs titulaires des émoluments suffisants
« pour subvenir aux premières nécessités de
« la vie ; et l'on ne pourrait accroître leurs
« émoluments sans augmenter en même
« temps les frais qui pèsent sur les justicia-
« bles. Dans cette situation, la tolérance *est
« une sorte de nécessité pour l'administra-
« tion de la justice.* »

Voici, d'autre part, le principal attendu de l'arrêt de la Cour de Caen du 26 novembre 1895 (*Gazette des tribunaux*, 1896, p. 152) :

« Attendu, en ce qui concerne les greffiers
« de justice de paix, que le cumul de la fonc-
« tion de greffier et de la profession d'agent
« d'affaires, est le résultat d'une tolérance
« générale fondée sur la nécessité, parce que
« les bénéfices des greffes seraient absolu-
« ment insuffisants pour faire vivre les titu-
« laires avec leurs familles ; que si un pareil
« système offre des inconvénients, il faut le
« prohiber ; que, tant qu'il ne sera pas dé-
« fendu, il sera toujours loisible à un gref-
« fier de justice de paix de céder un office en
« gardant son cabinet d'affaires, OU DE CÉDER
« SON CABINET D'AFFAIRES en gardant son of-

« fice, ou encore de céder les deux choses
« pour un prix distinct. »

Ce principe posé, il faut admettre que le greffier a, tant qu'une loi ne le lui enlèvera pas expressément, le droit d'avoir un cabinet d'affaires et de faire des recouvrements pour sa clientèle, et c'est le déposséder indûment que de l'obliger à rendre à ses clients leurs dossiers, ainsi que l'a fait M. le procureur de la République de Béthune, ou à inviter un greffier à remettre les dossiers des affaires dont il a été chargé à un huissier, au profit duquel on semblerait vouloir créer un monopole qu'aucune loi ne reconnaît.

En 1895, M. Farjas, huissier à Amplepuis, dont les collègues du Nord et du Pas-de-Calais suivent aujourd'hui les regrettables errements, avait dénoncé au procureur de Villefranche le greffier Carle, comme s'occupant d'encaissements et de recouvrements. M. le procureur général de Lyon, saisi de la plainte, en référa au garde des sceaux qui, le 6 juin 1896, adressait à ce magistrat la dépêche suivante :

« Monsieur le Procureur général
« près la Cour d'appel de Lyon,

« J'ai pris connaissance de votre rapport
« du 19 mai 1896, ainsi que de la délibéra-
« tion de la Chambre des huissiers de l'ar-
« rondissement de Villefranche du 12 octo-
« bre 1895.

« Il me paraît, comme à vous, que l'inter-
« prétation donnée par la Chambre des huis-
« siers à la circulaire ministérielle du 20 juin
« 1882 est absolument erronée.

« La circulaire du 20 juin 1882, revenant
« sur une circulaire antérieure du 2 janvier
« 1882 qui avait interdit aux huissiers de se
« livrer au recouvrement des effets de com-
« merce, a décidé que l'encaissement par les
« huissiers des effets protestables continue-
« rait d'être toléré dans les localités autres
« que les villes chefs-lieux de département et
« d'arrondissement, ou qui sont le siège d'un
« tribunal de commerce.

« C'est là, on le voit, *une simple tolérance*
« dont les huissiers ne sauraient se prévaloir
« pour prétendre à l'exercice d'un monopole.

« Les huissiers de l'arrondissement de Vil-
« lefranche soutiennent que la circulaire de
« 1882 est limitative et ne comporte autori-
« sation d'opérer des recouvrements qu'à une
« seule classe d'officiers ministériels : les
« huissiers.

« Il importe d'abord de faire remarquer
« que lorsqu'un huissier se livre à des recou-
« vrements d'effets de commerce, il n'agit
« pas en qualité d'officier ministériel : il agit
« comme un simple particulier pourrait le
« faire. Et, d'autre part, on doit observer
« *qu'aucune disposition législative n'interdit*
« *aux officiers ministériels en général* le
« droit d'opérer des recouvrements en tant
« que particuliers, ou d'accepter des mandats
« salariés ne rentrant pas dans l'exercice de
« leurs fonctions.

« S'il est intervenu une circulaire ministé-
« rielle concernant les recouvrements d'effets
« de commerce opérés par les huissiers, ce
« n'est pas dans le but de créer un monopole
« au profit de ces derniers. Bien au con-

« traire, c'est qu'il avait semblé qu'il dût y
« avoir de graves inconvénients à permettre
« aux huissiers, à raison même des fonctions
« qu'ils sont appelés à remplir en leur qua-
« lité d'huissiers, d'opérer le recouvrement
« des effets de commerce, c'est que précisé-
« ment, parmi les officiers ministériels, les
« huissiers semblaient ceux qui fussent le
« moins qualifiés pour effectuer ce genre de
« recouvrements.

« Les huissiers, en effet, sont chargés de
« protester les effets non payés à leur
« échéance. Or, il arrivait souvent que pour
« les recouvrements desdits effets, les huis-
« siers se présentaient intentionnellement
« chez le débiteur aux heures où ce dernier
« devait être absent, ou même ne présen-
« taient l'effet souscrit que le lendemain de
« l'échéance, c'est-à-dire le jour même où
« leur ministère officiel pouvait être autorisé,
« privant ainsi les débiteurs du double aver-
« tissement que leur assurent les articles 161
« et 162 du Code de commerce. En outre, en
« se chargeant des encaissements sans exiger
« une rémunération suffisante, les huissiers
« consentaient au profit des banquiers, et
« dans l'espoir d'obtenir un vrai monopole,
« une remise déguisée sur les émoluments
« que le tarif leur alloue en cas de protêt; ce
« qui avait pour résultat de créer entre les
« membres d'une même corporation un
« moyen déloyal de concurrence, le succès
« devant revenir non au plus digne et au
« plus capable, mais à celui qui se montrait le
« plus disposé à souscrire aux conditions sou-
« vent onéreuses imposées par les banquiers.

« Tels sont les motifs qui ont déterminé
« la Chancellerie à réglementer l'exercice par
« les huissiers du recouvrement des effets
« protestables, et à ne l'autoriser que dans
« les limites énoncées ci-dessus.

« En ce qui concerne les greffiers, aucun
« texte législatif ne leur interdit d'accepter
« des mandats salariés, et un arrêt de la
« Cour de Besançon leur a reconnu *formelle-*
« *ment* ce droit.

« Mais, si la question n'est pas soulevée
« au point de vue juridique, elle n'en reste
« pas moins entière au point de vue disci-
« plinaire.

« On ne saurait en effet oublier que les
« greffiers remplissent des fonctions d'ordre
« essentiellement judiciaire, et qu'ils suivent
« de très près le jugement des contestations.

« Aussi paraît-il difficile qu'ils puissent in-
« tervenir à titre intéressé dans le règlement
« respectif des intérêts d'autrui.

« Ils ne sauraient être assimilés sur ce
« point aux autres officiers ministériels, qui
« agissent exclusivement pour le compte des
« particuliers et n'interviennent point dans
« le fonctionnement de la justice.

« A un strict point de vue, il serait dési-
« rable que les greffiers se renfermassent
« strictement dans leurs attributions.

« D'abord parce qu'ils remplissent des fonc-
« tions publiques dont ils doivent se laisser
« distraire le moins possible ; en second lieu,
« parce que faisant partie intégrante du tri-
« bunal, ils sont naturellement soumis à la
« réserve et à la dignité inhérente aux fonc-
« tions d'ordre judiciaire qu'ils exercent ; et

« enfin, parce qu'en raison même de ces
« fonctions, ils jouissent, principalement dans
« les campagnes, d'une autorité qui peut sou-
« vent rendre abusive leur ingérence dans le
« recouvrement des créances d'autrui, et leur
« permettre d'exercer une véritable pression
« sur les personnes auxquelles ils présentent
« des notes ou effets à payer.

« Il faut cependant convenir que toutes les
« fois qu'on a tenté d'interdire aux greffiers
« le recouvrement des créances ou effets de
« commerce, on s'est heurté à des réclama-
« tions et à des difficultés telles que l'on s'est
« vu dans la nécessité d'user à cet égard
« d'une large tolérance.

« On a d'ailleurs fait remarquer avec beau-
« coup de raison que ces occupations pro-
« curent aux greffiers de paix des ressources
« accessoires dont ils ont parfois grand besoin,
« et leur permettent de rendre service au pu-
« blic qui préfère s'adresser à eux plutôt qu'à
« des agents d'affaires, offrant de moindres
« garanties de probité et de délicatesse.

« *La Chancellerie admet donc que les*
« *greffiers peuvent se livrer aux recouvre-*
« *ments de créances et effets de commerce.*

« Mais il convient de rappeler que cette
« pratique n'est que l'effet d'une tolérance
« et doit par suite être l'objet d'une surveil-
« lance assez étroite de la part des chefs de
« cours.

« Il vous appartiendra notamment de
« veiller à ce qu'elle n'engendre aucun des
« inconvénients que je vous signalais plus
« haut : c'est-à-dire à ce que les greffiers ne
« se laissent pas absorber par des occupa-

« tions étrangères à leur charge au point de
« négliger les devoirs que celle-ci leur impose ;
« qu'ils ne se départent pas de la réserve
« et de la dignité auxquelles ils sont tenus ;
« et enfin qu'on n'ait jamais à leur reprocher
« des faits de pression dans les réclamations
« qu'ils se chargent d'adresser aux débiteurs
« de leurs clients. »

Telle était la règle générale admise jusqu'à ce jour par la Chancellerie et sur laquelle les greffiers s'appuyaient avec confiance, lorsque des esprits, assurément très subtils, mais aussi trop peu désintéressés pour juger avec impartialité la cause que nous défendons, ont cherché à user de leur influence pour faire apporter à l'état de choses actuel de profondes modifications en opposant à la lettre précitée un arrêt de la Cour de cassation du 30 juillet 1900 (1).

---

(1) Civ. Cass., 30 juillet 1900. — Greffier, caractère. Syndic de faillite. Jugement. Nullité.

SALENDRE c. veuve REY (Arrêt)

La Cour : — Sur l'unique moyen de pourvoi : — Vu les art. 1040 C. pr. civ. et 91 du décret du 30 mars 1808 ; — Attendu, en droit, que les greffiers dans la sphère de leurs attributions font partie intégrante des cours et tribunaux, auprès desquels ils exercent leurs fonctions ; qu'ils ne peuvent donc, sans rendre incomplète et vicieuse la composition du tribunal ou de la Cour, y figurer à un second titre, notamment comme syndic de faillite de l'une des parties en cause ; — Attendu qu'il résulte des qualités du jugement attaqué (Trib. civ. Nantua, 24 mars 1899) que dans l'instance engagée par la dame Rey contre les conjoints Salendre en condamnation au paiement d'un prêt de 600 fr. avec intérêts, le sieur Cyprien Clavel, commis greffier assermenté au tribunal civil de Nantua, a représenté comme syndic la faillite Salendre ; que mis en cause par acte d'huissier

Ces défenseurs de la morale et du droit voient, ou plutôt cherchent à voir, dans le dispositif de l'arrêt en question une prohibition absolue pour le greffier de s'occuper d'affaires en dehors du greffe, mais il suffit d'examiner avec quelque bonne volonté les faits pour en tirer cette simple et logique conclusion : que la cour, sans vouloir se départir de son rôle de gardienne vigilante de la loi, s'est simplement prononcée pour l'incompatibilité dans une même affaire entre deux fonctions qui, juridiquement, ne peuvent s'exercer simultanément, mais qu'elle n'a jamais songé une minute à frapper d'une incapacité le greffier de paix dans une matière qui ne relevait que du pouvoir disciplinaire.

---

du 23 décembre 1898, il n'a pas protesté contre cette qualité ; qu'il s'est borné à faire défaut et qu'en même temps les fonctions de greffier ont été remplies par lui dans cette affaire, à l'audience du tribunal civil du 16 décembre 1899 ; — que dans ces circonstances, il y a lieu d'annuler, pour violation des dispositions de la loi susvisée, le jugement intervenu avec l'assistance du sieur Clavel.

Voir également : Cass., 26 mai 1863 (D. 63, 1, 128).

La Cour : — Attendu, en fait, que Berthollet, l'un des prévenus, est greffier de la justice de paix de Saint-Gervais et qu'il a siégé en cette qualité aux audiences dans lesquelles il a été procédé aux débats et aux jugements intervenus sur la poursuite dans laquelle il était compris ;

— Attendu, en droit, que les greffiers, dans la sphère de leurs attributions, font partie intégrante des cours et tribunaux auprès desquels ils exercent leurs fonctions; qu'ils ne peuvent donc pas, sans rendre incomplète et vicieuse la composition du tribunal et de la Cour, y figurer à un second titre, et notamment et comme greffier et comme partie.... — P. C. M , casse.

Voir également Cass., 3 février 1892 (S. 92, 1, 84 et la note. — Dalloz, 92, 1, 201).

De quoi donc s'agissait-il en l'espèce ? D'un commis greffier qui, ayant été nommé syndic de faillite, occupait en cette qualité et siégeait en même temps comme greffier, à l'occasion d'un procès pendant devant le tribunal auquel il appartenait. Il y avait là indiscutablement une opposition juridique à ce que celui qui était partie au procès pût assister les juges dont il devait comme greffier transcrire et signer la décision. Mais, si le commis greffier, au lieu de siéger, s'était confiné dans son seul rôle de syndic, il est bien évident que l'incident ne fût pas né et que la cour n'eût jamais eu à connaître d'un semblable procès.

Le greffier est, en effet, attaché à la fonction et non la fonction au greffier, et quand le titulaire de l'office ne peut pour un motif quelconque remplir les devoirs de la charge, il doit être remplacé par un suppléant, lequel en l'espèce est le commis greffier.

Un des rédacteurs du journal *le Greffier*, poussant dans leurs derniers retranchements ceux qui s'efforcent de voir dans l'arrêt de la Cour de cassation une défense formelle faite aux greffiers de s'occuper d'affaires susceptibles de venir devant leur tribunal, disait :
« Mais toutes les affaires sont susceptibles de
« venir devant la justice de paix. Quand je
« loue une maison ou que j'achète un vête-
« ment, ces location ou achat peuvent donner
« lieu à des procès, lesquels se dérouleront
« fatalement devant le tribunal auquel j'appar-
« tiens. Me voilà donc de ce fait tenu de
« coucher sous les ponts et de ne plus me
« vêtir. Est-ce donc cela que la Cour de cassa-
« tion a voulu dire ? Assurément non. »

Toute la question se résume en ceci : la Chancellerie a-t-elle autorisé les greffiers de paix à être syndics de faillite ou liquidateurs ? Oui, certes, et ceux-ci ont-ils le droit d'exercer des mandats parallèlement à leurs fonctions ? Indiscutablement.

D'autre part, Messieurs, le distingué professeur Ortlieb, qui n'a jamais manifesté beaucoup de goût pour les occupations parallèles des officiers publics et ministériels, n'a pas hésité à reconnaître, ainsi que l'a déclaré la Cour de Besançon, que les syndicats de faillite constituant des mandats de justice sont attachés à la personne même en raison de la confiance qu'elle inspire.... qu'ils constituent des mandats salariés sans doute, en général conférés par la justice et non par des particuliers et peuvent ainsi être envisagés presque comme des fonctions publiques, ce qui les différencie de la profession d'agent d'affaires, notamment au point de vue des incompatibilités. Aussi la cour de Nancy a-t-elle décidé (29 mars 1886) que l'acceptation par un avoué à la cour des fonctions de syndic n'est pas une infraction disciplinaire.

« En ce qui nous concerne, disent MM. Bon-
« nefoy et Bailly, nous pensons ceci : En pre-
« mier lieu, nous croyons que ce ne sont
« point les mêmes incompatibilités qui frap-
« pent les magistrats, qui atteignent les gref-
« fiers. Ces deux sortes de personnes ont des
« incompatibilités spéciales et si, à certains
« points de vue, les greffiers sont considérés
« comme membres de la juridiction à laquelle
« ils appartiennent, ce n'est qu'à titre excep-

« tionnel, à la condition qu'un texte légis-
« latif le dise expressément, et seulement
« pour le cas expressément visé par ce texte
« législatif. »

De cette discussion, peut-être un peu longue mais nécessaire, il nous est permis de tirer les conclusions suivantes :

1° Aucune loi n'interdit formellement aux greffiers les occupations parallèles ;

2° La Chancellerie a toujours laissé aux greffiers toute latitude pour se livrer à ces occupations, parce qu'elle reconnaît que le salaire de ces officiers est absolument insuffisant pour vivre et faire vivre une famille ;

3° La jurisprudence est en cela d'accord avec la Chancellerie ;

4° Enfin, on ne saurait tirer argument de l'arrêt de la Cour de cassation pour soutenir qu'il y a incompatibilité entre les fonctions de greffier et celles de syndic, alors que les deux fonctions ne sont pas exercées simultanément.

Je rappelai, il y a quelques jours, dans une de nos réunions de Seine-et-Oise, que le très distingué conseiller à la Cour de cassation, M. Laborde, alors qu'il était directeur des affaires civiles et qu'à ce titre il faisait partie de la sous-commission chargée de la revision du tarif des greffiers, écrivait :

« L'insuffisance du tarif des greffiers est
« notoire : il ne leur assure pas la juste rému-
« nération de leur travail, qui vient d'année
« en année plus lourde et même parfois vrai-
« ment onéreuse par suite de l'application des
« lois nouvelles. Ceux-là mêmes qui ont de
« quoi vivre ne peuvent être astreints à ne

« retirer aucun fruit d'une partie de leur la-
« beur et de leur peine. Les petits greffiers ne
« retireront que peu d'avantages de l'éléva-
« tion et de l'extension du tarif. *Nous pen-*
« *sons que la Chancellerie leur viendrait uti-*
« *lement en aide en leur accordant largement*
« *l'autorisation de se livrer à des travaux*
« *compatibles avec leurs fonctions.* »

Et l'honorable président de la sous-commission, M. le sénateur Vallée, d'ajouter : « *Il se-*
« *rait bon que ce qui n'est aujourd'hui qu'une*
« *tolérance devienne un droit, afin d'éviter*
« *les difficultés qui naissent journellement à*
« *l'occasion des occupations parallèles des*
« *greffiers.* »

La déclaration de M. Laborde est formelle : les greffiers ne peuvent vivre qu'à la condition que les occupations parallèles soient tolérées.

D'autre part, la Chancellerie est forcée d'avouer que le tarif de 1807 et le traitement des greffiers sont insuffisants et ne répondent pas aux nécessités les plus pressantes de l'existence, et que ne pouvant modifier la situation dans l'état actuel des esprits, elle doit tolérer autant par devoir que par humanité, et aussi peut-être parce qu'elle n'est armée d'aucun texte législatif formel, ce qu'en d'autres circonstances elle serait peut-être désireuse d'empêcher.

Voilà ce qu'il importe de retenir.

Beaucoup de nos collègues ont pensé qu'à l'occasion de la session d'août des conseils généraux, il serait bon d'attirer l'attention de nos représentants sur les conséquences fâcheuses que peut entraîner pour nous la circulaire de M. le Procureur général de Douai. Déjà des vœux tendant à ce que la Chancellerie use à l'égard des greffiers à l'occasion des occupations parallèles de la plus grande tolérance ont été votés, et c'est ainsi que, notamment, le conseil général du Puy-de-Dôme, qui a pour président M. le garde des sceaux, et ceux de l'Oise, du Cantal, de la Haute-Loire, du Loiret, de la Marne, etc., ont émis à l'unanimité le vœu suivant :

« Considérant que les nécessités budgétaires ne permettent pas d'augmenter le traitement des greffiers de paix qui n'est actuellement que de 850 fr., lesquels sont grevés de la patente et des frais de greffe ;

« Que, d'autre part, la question de revision du tarif des greffiers, qui a été posée il y a plus de soixante ans, ne semble pas devoir être solutionnée avant de longues années ;

« Considérant que la loi de 1905 sur l'extension de la compétence des juges de paix n'a en rien amélioré la situation de ces officiers publics (1), ainsi qu'il ressort des statistiques officielles ; que les affaires d'assistance judiciaire prennent une extension considérable, ce qui augmente d'autant le travail impayé des greffiers ;

---

(1) Il est intéressant de rapprocher les effets de la loi de 1905 sur les produits des greffes de ceux exercés sur ces mêmes produits par la loi du 25 mai 1838.

Dans un mémoire adressé au Gouvernement et aux Chambres par les greffiers de Lyon en 1845, nous lisons :

« Antérieurement à la loi de 1838, les greffiers avaient
« déjà (et ce n'était pas la première fois) formulé des
« plaintes *dont on reconnaissait le fondement*. Mais,
« disait-on, ils trouveront naturellement un accroisse-
« ment de produits dans l'extension d'attributions qui

« Considérant, enfin, que la cherté de la vie, qui tend à augmenter chaque jour aussi bien à la ville qu'à la campagne, fait une obligation aux greffiers de rechercher, dans des occupations parallèles, le moyen de subvenir aux charges de l'existence et à celles de leur famille ;

« Le conseil général émet le vœu que la Chancellerie autorise, dans la plus large mesure possible, les greffiers de paix à s'occuper, en dehors du greffe, d'affaires compatibles avec leurs fonctions : recouvrements de créances, assurances, gérances d'immeubles, arpentages, administrations provisoires de successions et curatelles, et à leur faciliter ces occupations qu'aucun texte législatif précis ne leur interdit. »

Nous espérons et nous souhaitons que ces marques d'intérêt et de sympathie dont nous sommes l'objet de la part des membres de nos assemblées départementales aient leur répercussion à la Chancellerie. Nous sommes,

---

« se prépare Eh bien ! qu'est-il arrivé ? L'extension
« d'attributions s'est bornée à un accroissement de
« compétence judiciaire. Quelques jugements de plus !
« un produit insignifiant, et voilà tout ! Encore avions-
« nous auparavant le procès-verbal de non-conciliation
« et nous n'avions pas les lettres de conciliation qui,
« en se généralisant, ont singulièrement diminué le
« nombre des affaires. A Dieu ne plaise que nous nous
« élevions contre tout ce qui atténue l'esprit de chicane.
« Mais puisque l'on a cité comme une mesure répara-
« trice en notre faveur la loi du 25 mai 1838, il faut
« bien que nous fassions voir qu'elle nous a été plus
« préjudiciable qu'utile. »

(Le produit moyen des émoluments des greffiers de certains petits cantons avait été pour 1842-1843 et 1844 de 29 fr. 76 par an.)

du reste, convaincus que celle-ci ne voudra pas par pur esprit dogmatique rompre la trame sur laquelle nous brodons chaque jour nos rêves d'espérance en un avenir meilleur pour nous imposer désormais une vie pleine de tristesses et d'amères déceptions

C'est dans cet espoir que nous demanderons au congrès d'émettre le vœu qu'une réglementation générale fixe les droits des greffiers aux occupations parallèles en tenant surtout compte que les produits de ces occupations sont indispensables à ces officiers pour vivre et faire face aux charges de l'existence.

Le Congrès adopte à l'unanimité le vœu proposé par M. Joly et décide que copie du rapport de celui-ci serait adressée à M. le garde des sceaux.

BESANÇON. — IMPRIMERIE JACQUIN.

www.ingramcontent.com/pod-product-compliance
Lightning Source LLC
Chambersburg PA
CBHW061519040426
42450CB00008B/1693